DIOS NOS AMA

CUENTOS CON RIMA EN INGLÉS Y ESPAÑOL

CastSeller LLC

INTRODUCCIÓN

Nos complace presentarles "Dios nos ama", un libro lleno de amor y sabiduría para los pequeños.

Aquí encontrarán 7 cuentos adorables en rima, protagonizados por animales, que enseñarán a los niños sobre el amor de Dios y aprender Ingles y español.

Además, podrán disfrutar coloreando imágenes ilustrativas y descubriendo dos versículos bíblicos seleccionados.

¡Esperamos que lo disfruten y que la bendición de Dios los acompañe siempre!

La jirafa Ana miró al cielo,
agradeciendo a Dios por ser su anhelo.
"Jesús es mi guía", dijo con amor,
y siempre lo sigue con fervor.

Dios nos ama, es cierto y puro,
en su abrazo nos sentimos seguros.
A todos los animales, grandes y pequeños,
nos cuida y protege desde el cielo.

Giraffe Ana looked up high,
thanking God as her loving ally.
"Jesus is my guide," she said with love,
and always follows Him from above.

God loves us, it's true and pure,
in His embrace, we feel secure.
To all the animals, big and small,
He cares and protects us all.

El elefante Elías rezó con gratitud,
por la bondad de Dios y su actitud.
A través del arca, Noé nos salvó,
y la promesa de Dios, un arcoíris mostró.

El amor de Jesús nos hace fuertes,
ilumina nuestro camino en todas partes.
Los animales y la creación entera,
celebran a Dios, nuestra bandera.

Elephant Elias prayed with gratitude,
for God's kindness and loving attitude.
Through Noah's Ark, we were saved,
and God's promise, a rainbow was displayed.

Jesus' love makes us strong,
lights our path all day long.
Animals and the whole creation,
celebrate God, our foundation.

El conejo Rafa sabía que Jesús,
cuidaba de él, incluso en la cruz.
Con amor y sacrificio, nos redimió,
y el amor de Dios en nosotros encendió.

El buen pastor, Jesús es así,
cuida de sus ovejas con amor, sin fin.
Los animales en su amor confían,
y en la presencia de Dios, sus almas rían.

Rabbit Rafa knew that Jesus,
cared for him, even on the cross.
With love and sacrifice, He redeemed us,
and lit God's love within us.

The Good Shepherd, Jesus is this way,
cares for His sheep with endless love, day by day.
Animals trust in His love, divine,
and in God's presence, their souls shine.

La ardilla Lila agradeció a Dios,
por su amor y por estar siempre en su voz.
Dios nos dio a Jesús, nuestro salvador,
y en Él encontramos paz y valor.

Desde la creación, Dios nos ha amado,
y a cada animal en este mundo ha cuidado.
Seguros en sus brazos, estamos al abrigo,
con el amor de Jesús, eternamente amigos.

<u>Inglés</u>
Squirrel Lila thanked God above,
for His love and for always speaking thereof.
God gave us Jesus, our savior so great,
and in Him, we find peace and courage innate.

Since creation, God has loved us all,
and cared for every animal, big and small.
Safe in His arms, we're sheltered and warm,
with Jesus' love, eternally we swarm.

El canguro Kiko, ágil y rápido,
sabía que Jesús lo amaba, a pesar de su rito.
Dios nos ama por lo que somos,
en Él encontramos paz y consuelo.

El amor de Jesús, nuestro refugio,
nuestros corazones llenos de fuego.
Los animales cantan alabanzas,
por el amor de Dios y sus hazañas.

Kangaroo Kiko, agile and fast,
knew Jesus loved him, through every contrast.
God loves us for who we are,
in Him, we find peace, both near and far.

Jesus' love, our shelter and base,
our hearts filled with fiery grace.
Animals sing praises, loud and clear,
for God's love and His acts, sincere.

La tortuga Tito, lenta y segura,
sabía que en Dios hallaría la cura.
A lo largo del camino, Jesús le enseñó,
que en el amor de Dios siempre confió.

Dios nos ama, a cada criatura,
nos guía con amor y con ternura.
A través de los mares y los valles,
su amor nos alcanza, sin callejones sin salida.

Turtle Tito, slow and steady,
knew in God he'd find the remedy.
Along the way, Jesus taught him,
in God's love, he'd always swim.

God loves us, every creature,
guides us with love and tender feature.
Through seas and valleys, we embark,
His love reaches us, even in the dark.

La mariposa Mimi volaba libremente,
confiando en Dios, su guía y fuente.
Jesús le mostró el camino a seguir,
en el amor de Dios siempre vivir.

Con Dios a nuestro lado, no hay temor,
nos protege y guía, nuestro Señor.
Los animales se unen en la alabanza,
celebrando la gracia que Dios alcanza.

Butterfly Mimi flew without a care,
trusting in God, her guide and fair.
Jesus showed her the way to go,
in God's love, she'd always glow.

With God by our side, there's no fear,
He protects and guides, our Savior dear.
Animals join together in praise,
celebrating God's grace in endless ways.

JESUS NOS AMA

MATEO 19:14
"PERO JESÚS DIJO: DEJAD A LOS NIÑOS VENIR A MÍ, Y NO SE LO IMPIDÁIS; PORQUE DE LOS TALES ES EL REINO DE LOS CIELOS."

"EL SEÑOR TE BENDIGA, Y TE GUARDE; EL SEÑOR HAGA RESPLANDECER SU ROSTRO SOBRE TI, Y TENGA DE TI MISERICORDIA; EL SEÑOR ALCE SOBRE TI SU ROSTRO, Y PONGA EN TI PAZ."- SALMOS 23:1

Made in United States
Orlando, FL
01 November 2023